교양 꿀떡 그 누가 뭐래도 독도는 우리 땅

김현 지음 | 김보경 그림

봄마중

차례

머리말 · 6

1 우리 땅 독도, 얼마나 알고 있니? · 11

2 우산국을 정벌한 이사부 · 23

3 역사 속 기록들 - 우리나라 자료 · 33

4 역사 속 기록들 - 일본 자료 · 43

5 일본을 야단친 안용복 · 53

6 일본과 관계없는 땅, 독도·65

7 전쟁 중에 빼앗긴 섬·75

8 광복과 함께 되찾은 독도·89

9 독도의용수비대·101

10 동해의 평화로운 우리 섬, 독도·113

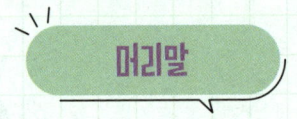

그 누가 뭐래도 독도는 우리 땅

'독도' 하면 뭐가 먼저 떠오를까?

동도와 서도? 괭이갈매기? 신라 장군 이사부? 독도송?

그래, 독도를 생각하면 저마다 먼저 떠오르는 것이 다를지 몰라. 하지만 동해 바다 한가운데 우뚝 서 있는 독도가 우리나라 동쪽 끝의 섬이라는 사실은 누구라도 알고 있을 거야.

그런데 독도가 자기네 땅이라며 틈만 나면 억지를 쓰고 빼앗아 가려는 나라가 있어. 바로 이웃 나라 일본이지.

일본은 마치 독도가 분쟁 지역인 것처럼 떠들고 있어. 하지만 독도는 엄연히 우리나라 국민이 살고 우리나라 군대가 지키는 우리 땅이야. 다시 말해 독도는 역사적,

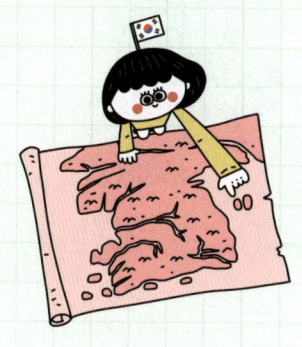

지리적, 국제법적으로 우리나라 땅이라고.

독도가 우리 땅임을 증명하는 역사 자료는 매우 많아. 우리나라 자료만이 아니라 일본의 자료도 있지. 우리는 이 책에서 그런 자료들을 하나하나 살펴보며 독도가 자기네 땅이라는 일본의 주장이 거짓임을 확인해 볼 거야. 옛 기록들과 역사적 사실이라 내용이 좀 어려울 수 있지만, 차근차근 따라가다 보면 누구라도 진실을 확인할 수 있지. 그런데도 일본이 자꾸 독도 영유권을 주장한다면, 그것은 무슨 수를 써서라도 독도를 차지하고 말겠다는 의도로 생각돼.

우리는 일본의 주장이 무엇이 잘못되고 무엇이 진실인

지 똑똑히 말할 수 있어야 해. 이 책이 그렇게 하는 데 도움이 됐으면 좋겠어. 그래서 일본이 두 번 다시 독도가 자기네 땅이라는 말을 꺼내지 않았으면 좋겠어. 어른들은 물론 우리 어린이들도 사랑스러운 우리 국토인 독도를 지키고 보존해야 할 의무가 있잖아. 우리가 그 의무를 다할 때 독도는 동해의 평화로운 섬으로 영원히 우리 곁에 남을 거야.

끝으로 이 책을 꼼꼼하게 읽고 감수해 주신 동북아역사재단 홍성근 박사님께 감사를 드립니다.

김현

1

우리 땅 독도, 얼마나 알고 있니?

우리가 발 딛고 살아가는 우리나라의 영토는 어디까지일까?

우리가 다스리는 땅이 우리나라 영토야. 다른 나라가 다스리는 땅은 우리나라 영토가 아니지.

헌법에는 우리나라 영토가 한반도와 그에 딸린 섬들로 정해져 있어. 지금은 갈 수 없는 북한 땅도 헌법에는 우리나라 영토로 되어 있지.

왜 그럴까?

그건 우리나라가 남과 북으로 갈라져 있지만, '한반도와 그에 딸린 섬에서 예로부터 살아온 한 민족, 한 나라'이기 때문이야. 그러니 하루빨리 통일을 이루어야겠지?

우리나라는 산과 들, 강과 바다와 섬, 어디를 가든 아름답지 않은 곳이 없어. 그래서 옛날부터 금수강산이라 불렀지. 이 말은 '비단에 수를 놓은 것처럼 아름다운 산천'

이라는 뜻이야. 그러니 어찌 사랑스럽고 탐스럽지 않을 수 있겠니?

　그중에서도 우리 영토 동쪽 끝에 있는 섬, **독도**는 특히 사람들이 관심을 가진 곳이야. 넓디넓은 동해 한가운데 있는 작은 섬 독도가 왜 사람들의 관심을 끌게 됐을까? 바로 이웃 나라 일본이 자기네 땅이라고 주장하고 있기 때문이야. 말도 안 되는 주장이지. 왜 말이 안 되는지 지금부터 살펴보기로 해.

**독도가 어디 있는지는
다들 잘 알 거야.
우리나라 동쪽 바다에 보란 듯이
자리잡고 있지.**

　독도는 크게 동쪽의 **동도**와 서쪽의 **서도**, 두 개의 섬과 주변의 작은 바위섬 89개로 이루어져 있어. 지도상의 위치를 살펴보면, 동도는 북위 37도 14분 26.8초, 동경 131도 52분 10.4초, 서도는 북위 37도 14분 30.6초, 동

경 131도 51분 54.6초에 표시되어 있지.

독도에서 가장 가까운 우리 땅은 **울릉도**야. 울릉도에서 동남쪽으로 87.4킬로미터 떨어져 있으니, 전라남도 해남 땅끝마을에서 제주도까지의 거리쯤 되지. 날씨가 맑으면 울릉도에서 맨눈으로 독도를 볼 수 있어. 그러니 울릉도에서 보면 독도는 이웃 동네인 셈이야.

독도와 가장 가까운 일본 땅은 시마네현에 속한 **오키섬**이야. 오키섬에서 독도까지는 울릉도와 독도 사이의 거리보다 1.8배 더 멀리 떨어져 있어. 지리적으로 볼 때 독도는 울릉도와 가까운 우리 땅이 틀림없지.

육지에서 독도로 가는 뱃길은 몇 갈래가 있어. 중요한 건 우리나라 항구를 통해서만 독도로 갈 수 있다는 거야. 독도 관광선은 어느 항구에서 출발하건 모두 울릉도를 거쳐야만 해.

먼저 경상북도 포항이나 울진(후포), 강원도 강릉이나 동해(묵호)에서 울릉도행 배를 타고 3시간쯤 가면 울릉도에 도착해. 그곳에서 다시 배를 타고 동남쪽으로 1시간

반쯤 가면 독도에 닿을 수 있어.

 이렇게 어려운 발걸음을 해 가며 지금까지 독도를 찾은 사람이 320만 명이나 된다고 해. 지금도 평균으로 따지면 하루에 500명 이상, 1년에 20만 명 이상이 독도를 찾고 있지.

 그렇다고 언제든 마음만 먹으면 갈 수 있는 섬은 아니야. 비가 오거나 바람이 거세면 파도가 높아 갈 수 없어. 바다가 잔잔해야 갈 수 있기 때문에 독도를 여행하려면 날씨를 잘 살핀 뒤 하늘의 허락을 얻어야 해.

 독도에는 현재 주민과 독도 경비대원, 등대 관리원, 울릉군청 독도 관리 사무소 직원이 살고 있어.

독도는 지도에 두 개의 아주 작은 점으로 표시되어 있어.

 동도는 높이가 98.6미터(우산봉)에 둘레가 2.8킬로미터, 서도는 높이가 168.5미터(대한봉)에 둘레가 2.6킬로미터야. 그래 봤자 총면적이 18만 7,554제곱미터밖에 안

되는 작은 섬이지. 그런데 정말 그럴까?

　자, 상상해 봐! 물 위에 흩어져 있는 작은 바위섬들은 물 아래에서는 모두 이어져 있겠지? 물 위에 드러난 독도는 작지만, 바다 속에 숨겨진 독도의 모습은 아주 거대해. 높이가 한라산보다 높은 약 2,000미터, 지름이 무려 20킬로미터나 되는 거대한 해산(바닷속의 산)의 일부라고. 어때? 이래도 독도를 작은 섬이라고 하겠니?

　독도는 아주 오래전 바다 속에서 일어난 **화산 활동**으로 생겨난 섬이야. 바위로 이루어진 화산섬이라 땅이 아주 가파르고 울퉁불퉁하지. 그 모습을 보노라면 사람의 손길이 닿지 않은 자연의 아름다움을 느낄 수 있어. 켜켜이 쌓인 암석과 여러 가지 모양의 바위들이 신비한 모습을 뽐내고 있지. 한반도바위, 독립문바위, 부채바위, 코끼리바위, 촛대바위, 삼형제굴바위……. 독도는 우리나라에서도 경치가 아름다운 곳으로 손꼽히고 있어.

　하지만 지형이 가팔라 토양이 깊지 않고 바닷바람이 몹시 강하게 불어 동식물이 살기에 좋은 환경은 아니야. 그런데도 이곳에서 보금자리를 튼 자연의 생명들이 있어.

　무엇보다도 독도는 철새를 비롯한 새들에게 중요한 땅이야. 바다 위를 날다 지친 날개를 쉬며 머무르는 쉼터가 되어 주거든. 독도를 대표하는 괭이갈매기를 비롯해 바다제비, 슴새, 황조롱이, 물수리, 흰갈매기, 흑비둘기, 노랑지빠귀 등 여러 종의 새들을 볼 수 있지.

　식물은 60종 정도 살고 있어. 우리에게 익숙한 민들레를 비롯해 괭이밥, 섬장대, 바랭이, 강아지풀, 쑥, 쇠비름, 명아주, 질경이, 기린초, 해국 같은 풀 종류와, 섬괴불나무, 해송 같은 나무가 있지. 그 밖에 된장잠자리, 민집게벌레, 메뚜기, 딱정벌레 같은 곤충도 약 130종이나 발견되고 있어.

　독도 주변의 바다는 **수산 자원**이 풍부하기로도 유명해. 따뜻한 바닷물과 찬 바닷물이 만나는 황금 어장이거든. 이곳에서 잡히는 대표적인 바닷고기는 오징어와 문어, 대구, 방어, 가자미, 꽁치, 복어, 전어, 흑돔, 개볼락 등이야. 또 소라, 전복, 새우, 홍합, 해삼, 홍게, 성게 같은 해산물과 미역, 다시마, 김, 우뭇가사리, 톳 같은 해조류

도 볼 수 있어.

독도의 가치는 수산 자원에만 있는 건 아냐. 독도가 속해 있는 동해 바다 속에는 천연가스와 석유 같은 **천연자원**이 묻혀 있을 가능성이 아주 많아. **에너지 자원**을 대부분 외국에서 수입하는 우리나라로서는 반가운 일이 아닐 수 없지.

특히 불을 붙이면 활활 타서 '불타는 얼음'으로 불리는 **메탄 하이드레이트**가 풍부하게 매장되어 있어. 메탄 하이드레이트는 환경을 오염시키지 않는 미래의 에너지 자원으로, 물과 결합해 단단한 얼음처럼 고체로 된 천연가스의 일종이야. 기술이 좀 더 발전해 메탄 하이드레이트를 실생활에서 쓸 수 있게 된다면 독도의 중요성은 더욱 커지겠지.

이처럼 아름다운 자연과 풍부한 해양 자원을 간직한 독도야말로 우리나라의 **보물섬**이 아닐까?

그래서 우리나라는 독도를
천연기념물로 지정해 보호하고 있어.

또한 독도는 우리나라 동쪽 끝에 있기 때문에 군사적으로도 매우 중요하지. 따라서 우리는 독도를 굳건히 지켜 나가야 해.

2

우산국을 정벌한 이사부

독도가 우리 땅이라면 그것을 기록한 옛 기록물이 있지 않을까?

맞는 말이야! 역사를 왜곡하는 일본이지만, 역사적인 기록물을 보여 준다면 적어도 독도가 자기네 땅이라고 우기지는 않겠지.

독도와 관련한 우리의 옛 기록물은 아주 많아. 《삼국사기》, 《고려사》, 《세종실록》, 《동국여지승람》, 《동국문헌비고》 같은 책과 옛 지도들이지. 게다가 일본의 옛 기록물과 지도 중에도 독도가 일본 땅이 아니라고 기록한 자료들이 많아. 자기네 조상들이 '독도는 일본 땅이 아니'라고 분명히 적어 놓았는데, 일본은 왜 독도가 자기네 땅이라고 우기는 걸까?

지금까지 전하는 우리나라 역사책 가운데 가장 오래된 것은 바로 고려 시대인 1145년에 김부식이 정리한 《삼국사기》야. 《삼국사기》 중 〈신라본기〉에 실린 내용을 풀어서 살펴보자고.

고구려, 백제, 신라의 삼국이 팽팽하게 맞서던 512년,

신라 **지증왕** 때의 일이야.

하루는 지증왕이 명을 내렸어.

"이사부 장군은 당장 **우산국**을 정벌하라!"

우산국은 지금의 강릉 정동쪽 바다에 있는 울릉도와 그 주변의 작은 섬들을 영역으로 하는 고대 국가였어. 물론 맨눈으로 볼 수 있는 독도도 포함하고 있었지. 우산국 주민들은 주로 바다에서 고기를 잡고 섬에서 농사를 지으며 살았어.

고구려, 백제와 맞서던 신라 입장에서 보면 우산국은 보잘것없는 세력이었어. 마음만 먹으면 언제든지 집어삼킬 수 있으리라 생각했지. 하지만 현실은 그렇지 않았어. 일단 육지에서 멀리 떨어진 바다에 자리한 데다 지형이 험하고 사람들이 사납기로 유명했거든. 이들을 정벌해 굴복시키자면 적잖은 힘이 들 게 뻔했어.

고심하던 지증왕은 생각했어.

'우리 신라는 고구려, 백제와 맞서는 데 온 힘을 기울여야 해. 그런데 바닷가는 물론 육지까지 올라와 노략질을 일삼는 우산국 사람들 때문에 여간 성가신 게 아니야. 이

대로 둬서는 안 되겠어.'

이렇게 마음먹은 지증왕이 당시 하슬라주(지금의 강릉 지역)의 책임자였던 이사부에게 우산국을 정벌하라고 명을 내렸어.

왕의 명을 받은 이사부는 부하 장수를 불러 물었지.

"그동안 우산국에 사람을 보내 거듭 항복하라고 설득했다고 들었다. 그런데 그들이 항복하지 않은 까닭이 무엇인가?"

"울릉도는 섬이 사방 100리인데 지형이 험해 접근하기 어렵습니다. 게다가 우산국 사람들이 고집 세고 사나워 항복하지 않았습니다."

부하 장수의 대답을 듣고 이사부는 이렇게 말했어.

"그렇다면 힘으로 다루기는 어렵고, 꾀를 써서 항복을 받아야겠구나."

지혜롭고 용맹한 장수였던 이사부는 곧 나무로 허수아비 사자를 만들라고 명을 내렸어. 부하들은 이유도 모르는 채 목공들을 모아 나무를 깎아 허수아비 사자를 만들었지.

그해 6월, 이사부는 완성된 허수아비 사자를 배에 나누어 실었어.

"자, 우산국으로 출정하자!"

푸른 바다를 가르며 신라의 병선들이 앞으로 힘차게 나아갔어.

배들이 울릉도 해안에 도착하자, 우산국 사람들이 저마다 칼과 활을 들고 바닷가에서 진을 치고 있었어.

이사부가 쩌렁쩌렁 울리는 목소리로 소리쳤지.

"너희들이 항복하지 않는다면 이 맹수를 풀어 밟아 죽이도록 하겠다!"

우산국 사람들은 배에 있는 이상한 짐승을 보고 벌벌 떨었어. 태어나 처음 보는 거대한 맹수였거든. 금세라도 뛰어나와 난동을 부리기라도 한다면 잡아먹힐 게 뻔해 보였어.

우산국 사람들은 두려움에 떨며 소리쳤어.

"항복이오! 항복하겠소!"

이사부는 피 한 방울 흘리지 않고 꾀로써 우산국을 굴복시켰어.

우산국을 정벌한 이사부는 이후 신라의 영토 확장에도 큰 공을 세웠어. 가야를 정벌하고, 고구려와 백제의 성을 빼앗고, 한강 상류 지역을 신라 영토로 만들며 명장으로 이름을 떨쳤지.

《삼국사기》는 우산국이 신라에 항복해 신라의 일부가 되었다고 기록하고 있어. 울릉도에 속하는 섬이었던 독도 또한 우산국이 신라에 항복함에 따라 한반도의 역사 안에 들어오게 되었지.

《삼국사기》의 기록은 그 후에도 계속 이어져 내려왔어. 《고려사》(1451), 《세종실록》(1454), 《신증동국여지승람》(1531) 등 나라에서 엮은 역사책에는 울릉도와 독도가 기술되어 있어.

이렇게 역사적인 증거가 남아 있는데도 일본은 우리 조상들이 독도를 알고 있었다는 근거가 없다고 억지를 부리고 있어. 과연 우리 조상들은 독도를 몰랐을까?

3

역사 속 기록들
우리나라 자료

일본은 이렇게 주장하고 있어.

"한국이 옛날부터 독도를 알고 있었다는 근거는 없다."

그러면서 "한국은 우산도가 독도라고 수장하나 우산노는 울릉도와 같은 섬이거나 실제로는 존재하지 않는 섬"이라고 말하지.

하지만 우리 조상들은 독도를 분명하게 알고 있었어. 옛 역사책과 지도들이 그걸 증명하고 있거든.

먼저 조선 초기에 만든 《세종실록》〈지리지〉의 강원도 울진현 항목에 나오는 울릉도와 독도 관련 내용을 풀어서 살펴볼게. 《삼국사기》에 기록된 내용과도 비슷해.

우산과 무릉은 울진현 정동쪽 바다 가운데 있는 두 섬이다.
두 섬은 서로 거리가 멀지 않아 날씨가 맑으면 바라볼 수 있다.
신라 때는 우산국이라 불렀으며, 울릉도라고도 하였다. 땅은 사방 100리인데, 지형이 험하다는 것을 믿고 신라에 복종하지 않았다.

그러자 지증왕 때 하슬라주의 군사 책임자 이사부가 왕의 명을 받고 우산국 정벌에 나섰다. 우산국 사람들은 어리석고 사납기에 힘으로만 굴복시키기 어렵다고 여겨 이사부는 꾀로써 항복을 받아 낼 계획을 세웠다. 그리하여 나무로 사나운 짐승을 많이 만든 다음 이를 여러 병선에 나누어 싣고, 그 나라에 이르러 그들을 다음과 같이 속였다.
"너희들이 항복하지 않으면, 바로 이 짐승들을 풀어놓겠다."
우산국 사람들이 이를 두려워하여 이사부에게 항복했다.

그리고 통일 신라의 힘이 약해지고 고려가 세력을 넓혀 가던 시기의 일도 기록하고 있어.

고려 태조 13년(930)에 그 섬사람들이 백길과 토두로 하여금 특산물을 바치게 했다.

고려 18대 왕인 의종 때는 김유립 등이 울릉도를 돌아보고 와 보고한 기록도 있어.

"섬 가운데 큰 산이 있는데, 산 정상에서 동쪽으로 바다까지는 일만 보 남짓이고, 서쪽으로 바다까지는 일만 삼천 보 남짓이며, 남쪽으로 바다까지는 일만 오천 보 남짓이고, 북쪽으로 바다까지는 팔천 보 남짓입니다. 마을이 있던 터 일곱 곳이 있고, 돌부처상과 쇠종, 돌탑이 더러 있으며, 시호와 고본, 석남초 등이 많이 납니다."

고대로부터 울릉도에는 우산국을 비롯해 상당한 세력과 문화가 있었다는 것을 알 수 있지. 울릉도에서 바라다보이는 독도는 그 범위 속에 있었던 거야. 그리고 《세종실록》〈지리지〉의 기록은 첫째로, 동해 가운데 우산과 무릉이라는 두 섬이 있다는 것을 분명하게 보여 주는 중요한 역사 자료야. 동해에는 눈에 띄는 섬이 울릉도와 독도밖에 없거든.

둘째로, 두 섬이 서로 거리가 멀지 않아 볼 수 있다는 사실을 기록하고 있어. 실제로 날이 맑으면 울릉도에서 독도가 보이거든.

이 두 가지를 근거로 우산과 무릉이 독도와 울릉도를 가리킨다는 것을 확실하게 알 수 있어.

이와 같은 《세종실록》〈지리지〉의 지리 정보는 조선 성종 때 만든 《동국여지승람》과 여기에 새롭게 내용을 더해 만든 《신증동국여지승람》으로 이어져. 이 두 책은 조선 시대의 지리 교과서 역할을 했지.

《신증동국여지승람》에는 중요한 지도가 실려 있어. 바로 〈팔도총도〉야. 조선 8도 전체를 그린 지도로, 독도가 등장하는 우리나라 최초의 지도지.

〈팔도총도〉에는 동해 가운데 우산도(독도)와 울릉도가 그려져 있어. 우리는 이 지도를 통해 조선 초기 우리 조상들이 울릉도와 독도를 우리 땅으로 명확하게 알고 있었다는 것을 확인할 수 있지. 다만 우산도가 울릉도의 동쪽이 아니라 서쪽에 그려진 점은 조금 아쉬워.

그렇다 하더라도 동해에 두 개의 섬이 그려져 있다는 것은 당시 두 섬의 존재를 분명하게 알고 있었다는 뜻임에 변함없어. 그리고 〈동국지도〉 등 18세기 이후 지도는 모두 우산도를 울릉도 동쪽에 그리는 등 독도의 위치와 형태가 점점 더 정확해졌어.

그 후의 기록으로는 《동국문헌비고》(1770)를 들 수 있

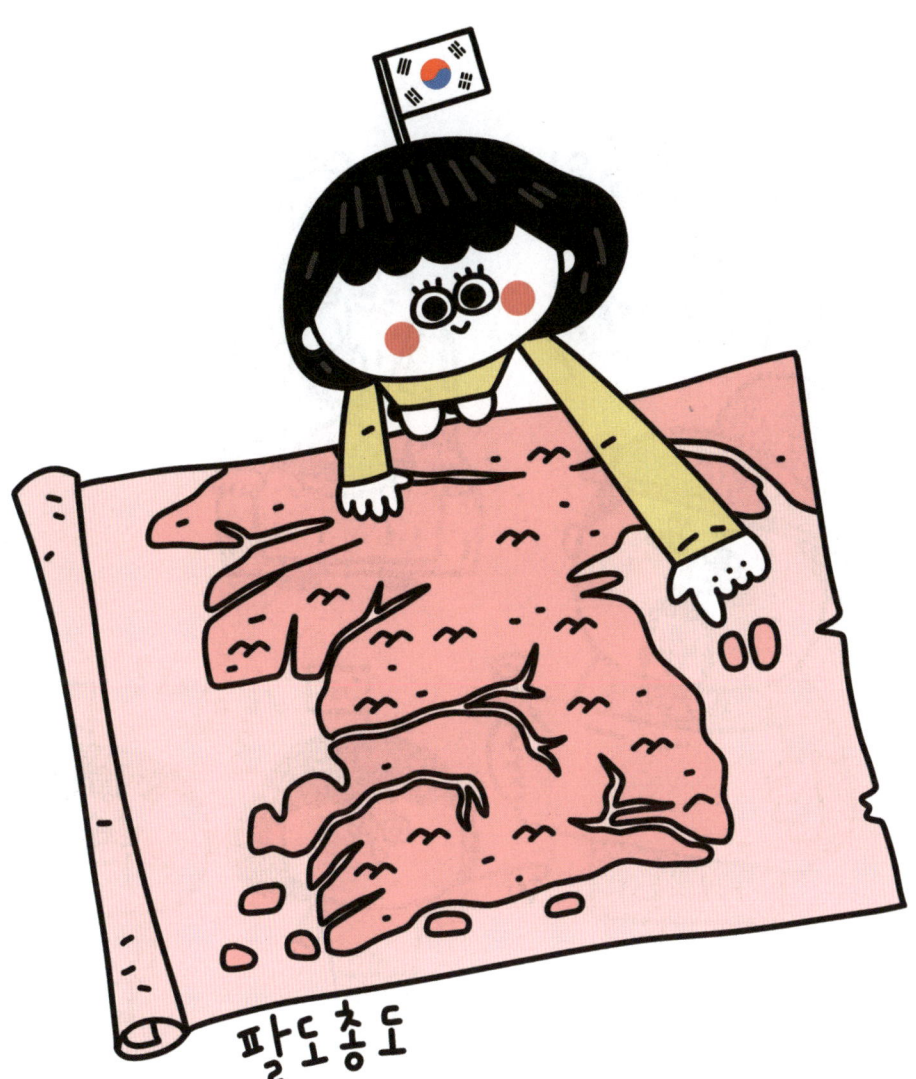

어. 《동국문헌비고》는 조선 영조 때 왕명에 따라 우리나라의 옛날과 현재의 문물과 제도를 수록한 책이야. 그 한 부분인 〈여지고〉는 조선 전국의 산줄기와 강과 하천, 지역 등에 대한 여러 가지 지리 정보를 담고 있어.

〈여지고〉의 '울진현' 항목에도 울릉도와 독도에 대한 기록이 있지.

우산도와 울릉도

울진에서 동쪽으로 350리에 있다. 울릉도 또는 우릉도, 무릉도라고도 한다. 두 개의 섬으로 하나는 우산이다.

섬은 울진현 정동쪽 바다 가운데 있는데, 일본의 은기주(오키섬)와 서로 가깝다. ……

〈여지지〉에 이르기를 "울릉과 우산은 다 우산국의 땅"이라고 하였는데, 우산은 바로 일본이 말하는 송도이다.

바로 이거야!

첫째, "울릉과 우산은 다 우산국의 땅"이라고 하여 울릉도만이 아니라 우산(독도)도 모두 우산국의 땅임을 확실하게 밝히고 있잖아.

둘째, "우산은 일본이 말하는 송도이다"라고 하여 우산도가 바로 지금의 '독도'임을 거듭 밝히고 있어.

오늘날 일본은 독도를 '다케시마'라고 부르지만, 1870년대 말까지는 울릉도를 '다케시마(죽도)', 독도를 '마쓰시마(송도)'라고 했어. 이런 사실은 일본도 인정하고 있지.

이와 같은 기록을 남긴 〈여지고〉는 조선 영조 때 실학자 신경준이 정리했어. 그는 《강계고》라는 지리책을 썼는데, 이 부분의 내용은 《강계고》와 거의 같아.

우산도가 독도라는 기록은 이처럼 우리나라의 여러 역사 자료에서 찾아볼 수 있어. 이쯤 되면 '우산도는 울릉도와 같은 섬이거나 실제로는 존재하지 않는 섬'이라는 일본의 주장이 얼마나 잘못되었는지 알 수 있겠지?

4

역사 속 기록들
일본 자료

우리나라의 옛 기록물을 보면 울릉도와 독도가 우리 땅임을 분명하게 확인할 수 있어. 역사책과 지도들이 증명하고 있거든.

그렇다면 일본의 옛 기록에서도 독도가 우리 땅이라는 것을 확인할 수 있지 않을까? 자기네 기록물에서 그런 사실이 확인된다면 아무리 억지를 부리는 일본이라도 '독도는 일본 땅'이라는 말은 못 하지 않을까?

그런 기록물이 있어. 제목은 《은주시청합기》(1667)야.

《은주시청합기》는 독도에서 가까운 일본 땅인 오키섬의 역사와 지리 등을 기록한 일본의 지리책이야. 시마네현의 지방 관리였던 사이토 도요노부가 오키섬의 사정을 살피던 중에 보고 들은 이야기를 바탕으로 쓴 책이지. 독도에 관한 기록이 있는 가장 오래된 기록물이기도 해.

그중 한 부분을 살펴볼게.

> 북서쪽으로 이틀을 가면 송도(독도)가 있고, 또 하루 정도 가면 죽도(울릉도)가 있다. 흔히 기죽도(울릉도)라고도 하며 대나무, 물고기, 가제(바다사자)가 많다. 이 두 섬은 사람이 살지 않는 땅인데, 고려(조

선)를 보는 것이 운주(지금의 시마네현 지역)에서 은주(오키섬)를 바라보는 것과 같다. 그런즉 일본의 북서쪽은 이 주까지로 한다.

여기에 중요한 사실이 담겨 있어.

먼저 일본에서 볼 때 송도(독도)와 죽도(울릉도)의 위치에 대해 설명하고 있다는 거야. 일본 오키섬에서 배를 타고 북서쪽으로 이틀을 가면 송도(독도)가 있고, 그곳에서 다시 하루 정도 가면 죽도(울릉도)가 있다고 했어. 그리고 울릉도에 대나무와 물고기, 가제(바다사자)가 많다는 사실을 기록했지.

이어서, 두 섬(독도와 울릉도)에서 조선 땅을 보는 것이 지금의 일본 본토인 시마네현 지역에서 오키섬을 바라보는 것과 같다고 했어. 직접 표현은 안 했지만 두 섬(독도와 울릉도)은 조선 땅, 오키섬은 일본 땅이라는 뜻이 담겨 있다고 봐야지. 그래서 일본의 북서쪽 한계는 이 주(오키섬)까지로 한다고 밝히고 있잖아.

이런 내용으로 볼 때, 이 문서는 일본 스스로 자신들의 영역에서 울릉도와 독도를 제외시키고 있음을 보여 주는 아주 중요한 자료야.

한때 일본 정부는 《은주시청합기》를 '독도는 일본 땅'이라는 주장의 근거로 내세운 적이 있어. 앞의 내용을 바탕으로 독도와 울릉도를 일본 북서쪽의 경계로 보았다는 말이지.

그 후 이러한 일본의 주장을 둘러싸고 논쟁이 있었어. 논쟁의 초점은 "그런즉 일본의 북서쪽은 이 주까지로 한다"에서 '이 주'가 죽도(울릉도)를 가리키는지, 은주(오키섬)를 가리키는지에 대한 것이었지.

그런데 일본 정부는 이제 더 이상 《은주시청합기》를 '독도는 일본 땅'이라는 주장의 근거로 내세우지 않아. 우리나라 학자는 물론 일본 학자들을 통해 '이 주'는 오키섬을 가리킨다는 것이 분명하게 밝혀졌기 때문이지.

이처럼 17세기에 오키섬을 일본의 북서쪽 한계로 기록한 《은주시청합기》는 당시 일본에서 울릉도와 독도를 조선의 영토로 알고 있었다는 것을 똑똑히 밝혀 주고 있어.

독도가 우리 땅이라는 일본의 옛 기록물은 《은주시청합기》만이 아니야. 일본의 옛 지도를 살펴봐도 여러 곳에서 확인할 수 있어.

먼저 일본의 유명한 실학파 학자인 하야시 시헤이가 만든 책에 딸린 지도가 있어. 일본 주변의 지리와 풍속을 소개한 지리서인 《삼국통람도설》에 부록으로 실린 〈삼국접양지도〉(1785년판)라는 지도지.

하야시는 이 지도에서 국경과 영토를 확실하게 구분하기 위해 나라별로 색칠을 달리했는데, 조선은 노란색, 일본은 초록색으로 칠했어. 그럼 동해 한가운데 자리한 울릉도와 독도는 무슨 색으로 칠했을까?

그렇지. 바로 노란색이야!

하야시는 울릉도와 독도를 노란색으로 칠해 조선 영토로 표시했을 뿐 아니라 '조선의 것'이라고 써넣어 조선 영토라는 점을 거듭 확실하게 밝혔어. 이것은 18세기에도 일본이 독도를 조선의 영토로 알고 있었음을 보여 주는

중요한 자료야.

　일본은 또 일본의 지도 제작자인 나가쿠보 세키스이가 만든 〈개정일본여지노정전도〉를 근거로 내세우며 독도는 옛날부터 자기네 땅이라고 주장했어.
　하지만 이 주장 또한 엉터리라는 것이 금방 드러났지. 1779년 이 지도가 처음 나왔을 때는 울릉도와 독도가 일본 경위도선 밖에 그려져 있었던 거야. 일본 땅이 아니라는 말이지. 여기에는 '일본의 서북쪽 경계를 오키섬'이라고 한 《은주시청합기》의 문구도 기록되어 있다고! 이것을 1846년 교묘하게 고친 지도를 가지고 독도를 일본 땅이라고 거짓으로 꾸민 거지.
　또한 이노 타다타카의 〈대일본연해여지전도〉(1821)를 비롯한 일본 정부가 만든 옛 지도들은 대부분 오키섬과 대마도는 일본 영토에 포함시켜 지명까지 적어 놓았지만, 울릉도와 독도는 아예 그려 넣지도 않았어. 1877년 일본 육군 참모국이 발행한 〈대일본전도〉에서도 그것을 확인할 수 있어. 이것은 일본이 독도를 자신들의 영토가 아니라고 알고 있었다는 뜻이지.

이처럼 독도가 우리 땅이라는 증거물이 차고 넘치는데도 일본은 여전히 독도를 자기네 땅이라고 우기고 있어.

정말 화가 나고 참을 수 없는 일이지.

조선 시대에도 그런 사람들이 있었어. 독도와 울릉도를 넘나드는 일본인들을 마냥 보고만 있을 수 없었던 우리 백성들 말이야. 그중 가장 유명한 사람이 안용복이야.

5

일본을 야단친 안용복

조선 후기인 1693년 숙종 때의 일이야.

하루는 경상도 동래와 울산의 어부들이 울릉도로 고기잡이를 나갔어. 그 중에는 동래 출신 어부였던 안용복도 있었지.

"에헤야, 출발하세!"

당시 조선은 쇄환 정책(울릉도에 살던 백성을 육지로 데려오도록 한 정책)으로 울릉도에 들어가는 것이 금지되어 있었어. 그렇지만 울릉도와 독도 부근 바다는 수산 자원이 풍부해 동해안과 남해안에 사는 어부들이 몰래 그곳으로 고기잡이를 가는 일이 많았지.

울릉도에서 고기잡이를 하던 안용복 일행은 뜻밖에 돗토리번(지금의 돗토리현)의 호키 지방에서 온 일본 어부들을 만났어.

어째서 일본 어부들이 울릉도까지 와서 고기잡이를 했냐고?

일본 돗토리번의 '오야'와 '무라카와' 두 가문은 1620년 무렵부터 수산 자원이 풍부한 울릉도에 눈독을 들였어.

하지만 조선 땅이라 마음대로 갈 수가 없었지.

그래서 당시 일본의 정권을 잡고 있던 에도 막부(일본을 통치한 쇼군의 정부)의 관리들을 선물로 구워삶았어. 그리고 울릉도로 건너갈 수 있는 허가증을 받아 냈지. 그것을 <u>울릉도 도해 면허</u>라고 해.

그때부터 '오야'와 '무라카와' 두 가문은 울릉도에서 고기를 잡고 전복을 따서 많은 돈을 벌었어.

안용복은 불의를 보면 못 참는 의로운 사람이었어. 그래서 목소리를 높여 일본 어부들을 나무랐지.

"이놈들아! 여기는 조선 땅인데 어찌 네놈들이 이곳에서 고기를 잡는 것이냐?"

일본 어부들은 눈치를 보더니 협상을 제안했어.

이때 안용복과 박어둔이 대표로 나섰어. 그러자 일본 어부들은 협상을 핑계로 두 사람을 일본으로 납치해 갔어. 세상에! 조선 사람이 조선 땅에서 일본 어부들에게

납치당한 거야.

안용복은 일본으로 끌려가 호키 지방 태수를 만났어. 안용복은 주눅 들지 않고 당당히 주장했지.

"울릉도는 조선 땅이다! 조선 사람이 조선 땅에 들어갔는데 어찌하여 일본인이 납치를 한단 말인가?"

호키 지방 태수는 이번 일이 양국 간에 문제가 될지도 모른다고 판단했어. 그래서 나라에 이 일을 보고하면서 물었지.

"납치해 온 안용복 일행을 어떻게 처리할까요?"

그러자 막부에서 지시가 내려왔어.

"안용복을 나가사키로 이송해 쓰시마를 통해 동래로 돌려보내라."

안용복은 그렇게 우여곡절 끝에 9개월 만에 조선으로 돌아왔어.

이 일을 계기로 조선 조정과 일본 에도 막부 사이에 울릉도가 어느 나라 영토인지에 대한 논쟁이 벌어졌어.

그런 중에 에도 막부는 돗토리번에 질문을 하게 돼.

"이나바와 호키(현재의 돗토리현에 위치한 두 지역)에 속하는 죽도(울릉도)는 언제부터 두 지방(이나바와 호키)에 속하게 되었는가?"

그러자 돗토리번은 이렇게 답변했어.

"죽도(울릉도)는 이나바와 호키(돗토리 지역)에 속하지 않습니다."

그러자 에도 막부가 또 물었어.

"죽도(울릉도) 외에 두 지방(이나바와 호키)에 속하는 섬이 있는가?"

돗토리번의 답변은 이랬어.

"죽도(울릉도)와 송도(독도)는 물론 그 외 두 지방(이나바와 호키)에 속한 섬은 없습니다."

여기서 중요한 것은 돗토리번이 에도 막부의 질문에 들어 있지 않은 송도(독도)를 죽도(울릉도)와 함께 언급하며 두 섬이 돗토리번에 속하지 않는다고 답한 거야. 독도가 자기네 땅이 아니라고 분명히 밝힌 거지.

이와 같은 답변서를 바탕으로 에도 막부는 1696년 1월 28일 일본 어부들에게 울릉도 도해 금지령을 내리게 돼. 일

본 어부들이 울릉도에 몰래 드나든 지 70여 년 만이지. '울릉도 도해 금지령'에는 송도(독도)도 포함된다는 것을 우리는 돗토리번의 답변을 통해 확인할 수 있어.

생각해 봐.

'도해 면허'는 자기네 나라 섬을 건너가는 데는 필요 없는 문서이므로 이것은 오히려 일본이 울릉도와 독도를 자기네 영토로 여기지 않았다는 사실을 똑똑히 보여 주는 증거가 아닐까?

하지만 안용복이 동래로 돌아온 뒤에도 일본 어부들은 울릉도 바다에 계속 나타났어.

"일본 사람들이 여전히 울릉도에 들어와 나무를 베고 고기를 잡아간다는군."

소식을 들은 안용복은 오랫동안 고민해 오던 생각을 실천에 옮겼어.

1696년 5월 안용복은 동료 일행을 이끌고 다시 일본으로 건너갔어. 이미 그해 1월에 막부가 일본 어부들에게 도해 금지령을 내렸는데도 쓰시마 도주가 미적거리는 바람에 시행이 늦어지고 있을 때였어.

돗토리번으로 가는 길에 안용복 일행은 먼저 오키섬에 들렀어.

안용복은 그곳 관리들에게 분명히 말했어.

"울릉도와 독도는 강원도에 속한 조선 땅이라는 점을 잊지 마시오."

이때 오키섬 관리가 안용복 일행에 대해 조사하고 작성한 문서가 있어. 이것을 〈원록각서〉(정식 명칭은 '원록9 병자년 조선주착안 일권지각서')라고 해. '원록 9년(1696) 병자년에 오키 해안에 도착한 조선 배에 대한 한 권의 기록'이란 뜻이야.

여기에는 안용복 일행에 관한 정보, 일본으로 건너온 목적, 오키섬에서의 행적 등이 기록되어 있고, 끝부분에 '조선의 팔도'가 덧붙여져 있어.

안용복 일행은 조선 팔도의 지도를 가져갔는데 오키섬에서 조사받을 때 그들에게 제출했어. 오키섬 관리는 '경기도' 등 조선 팔도의 이름을 베껴 적고, 각 도의 이름 옆에 조선의 발음을 일본어로 적었어.

여기서 눈여겨볼 것은 강원도 항목 아래 '이 도 안에 죽도와 송도가 있다'라고 적은 부분이야. 안용복은 조사 과정에서 당시 일본에서 죽도와 송도라고 부르는 곳이 울릉도와 독도를 가리키며, 자신이 가져간 조선 팔도 지도에도 두 섬이 강원도에 표시되어 있음을 분명히 했어.

안용복은 돗토리번으로 가서도 목소리를 높였어.

"울릉도와 독도는 조선 땅이다! 당장 그곳 출입을 삼가도록 하라!"

안용복은 울릉도는 물론 그 당시에 아무도 거론하지 않던 독도까지 우리 땅임을 누구보다 먼저 당당히 주장했어. 조선의 쇄환 정책으로 비어 있던 울릉도와 독도에 제 집 드나들 듯 드나들며 우리의 자원을 훔쳐 가던 일본에게 '그것은 불법'이라고 경고한 것이 바로 안용복이었지.

그런데 1696년 1월에 에도 막부가 울릉도 도해 금지령을 내렸는데도, 왜 일본 어부들은 여전히 울릉도에 나타났을까?

  그 까닭은 안용복이 돗토리번에 도착할 때까지 울릉도 도해 금지 명령이 그곳에 전달되지 않았기 때문이야. 실제로 1696년 8월에야 에도 막부의 명령이 돗토리번에 전달되었고, 조선 조정에 전해진 것은 이듬해 1월이었다고 해.

  그해 8월 안용복은 다시 조선으로 돌아왔어. 하지만 곧 감옥에 갇히고 말았지. 조정의 허락도 없이 일본으로 건너가 관리 행세를 하고 다녔다는 이유였어.

  이 일로 안용복은 어처구니없게도 귀양을 가게 되었어. 아쉽게도 그 후의 기록은 남아 있지 않아.

  울릉도와 독도가 조선의 영토임을 확실히 하고 돌아왔지만 돌아온 보상이 귀양이라니, 정말 슬픈 일이야. 하지만 이 사건을 계기로 조선 조정이 정기적으로 수토관을 파견해 울릉도를 관리하게 된 것은 다행스러운 일이지.

6

일본과 관계없는 땅, 독도

1800년대 후반 일본의 메이지 정부는 울릉도와 독도를 어떤 눈으로 바라보았을까?

메이지 정부의 최고기관인 태정관(총리대신부)은 적어도 울릉도와 독도가 조선 영토라는 사실을 알고 있었어. 몰래 외무성 관리 세 명을 조선에 보내 울릉도와 독도가 조선의 영토가 된 까닭을 조사하게 했거든.

그에 대한 내용을 담고 있는 보고서가 〈조선국교제시말내탐서〉(1870)야. 여기에는 울릉도에 관한 내용이 자세히 담겨 있어. 그런데 독도에 관해서는 다음 내용이 전부야.

"송도(독도)와 죽도(울릉도)는 이웃한 섬으로 송도(독도)에 관해서는 다른 자료가 없다."

이것으로 보아 메이지 정부는 이때까지만 해도 독도에 큰 관심이 없었던 게 분명해.

이 보고서는 조선의 외교 관계와 군사 시설 등에 관한 내용을 담고 있어. 일본이 이토록 조선에 관심을 가진 까닭은 훗날 조선 침략을 위한 사전 작업이 아니었나 싶어.

메이지 정부는 또한 중앙 권력을 강화하기 위해 일본 전 국토에 대한 토지 조사를 실시했어. 세금을 매기려면

토지가 어디에 얼마나 있는지 정확하게 알아야 했거든. 그에 따라 지방의 모든 현에 자기 현의 지도와 토지를 조사해 보고하라고 지시했지.

그런데 시마네현에서는 죽도(울릉도)를 어떻게 처리할지 고민스러웠어. 그래서 내무성에 질문서를 보냈어. 울릉도에 건너가 고기잡이를 했던 오야 가문의 기록을 살피고 조사한 내용을 정리하고, <기죽도약도>라는 지도도 첨부해 제출한 질문서야. '죽도(울릉도) 외 일도'를 시마네현 토지에 넣을지 말지를 결정해 달라는 것이었지.

이때 시마네현이 내무성의 요청에는 없었던 '외 일도(그 밖의 섬 하나)'를 굳이 질문서에 덧붙인 것은 오야 가문 자료에 '죽도 근방 송도', '죽도 내 송도' 등의 기록을 보고 송도(독도)는 죽도(울릉도)와 한 쌍, 또는 죽도에 딸린 섬이라고 생각했기 때문으로 보여.

시마네현 질문서의 첨부 지도인 <기죽도약도>에도 나와 있듯이 시마네현은 '외 일도', 즉 독도를 울릉도에 딸린 섬으로 보았던 거야. 누가 봐도 당연한 일이었지.

시마네현의 질문을 받은 내무성은 울릉도와 독도에 대

한 여러 가지 자료를 검토한 끝에 울릉도와 독도를 하나로 취급하며 **일본과 관계없는 땅**이라고 결론 내렸어. 하지만 자기네 영토인지 아닌지 판단하는 일은 국가적으로 중요한 문제이므로, 당시 국가 최고 기관인 태정관에 이를 어떻게 처리할지 최종적으로 물었지.

내무성이 울릉도와 독도의 소속에 관해 5개월 남짓한 짧은 기간에 자신감을 갖고 결론을 내린 데는 다음과 같은 이유가 있어.

내무성의 조사와 태정관에 보고하기 위한 문서 작성에는 내무성 지리국이 만든 《기죽도각서》(1875)라는 문서집이 많이 이용되었어. 내무성은 시마네현의 문서 제출이 있기 1년 전에 이미 막부의 관계 사료와 쓰시마번 사료, 돗토리번 사료 등의 고문서를 모아 이 문서집을 편찬했지. 여기에 실린 옛 사료들은 죽도와 송도를 한 쌍으로 인식하고 두 섬이 일본 영토가 아니라는 점을 명확히 하고 있었거든. 따라서 내무성은 이 시점에 이미 죽도와 송도가 일본 영토가 아니라는 사실을 알고 있었어.

그래서 내무성의 질의를 받은 태정관은 신속히 결론을 내리고 '영토인지 아닌지 판단하는 것은 중대한 사안'이라면서도 3일 만에 이런 명령안을 작성했어.

"죽도(울릉도) 외 일도가 일본과 관계없음을 명심하라."

내무성과 태정관은 자체적으로 울릉도와 독도를 일본과 관계없다고 결론 내린 거야. 이로써 울릉도와 독도의 소속 문제는 완전히 해결되었다고 봐야 해.

그런데도 일본의 일부 학자들은 여전히 태정관 지령에 나오는 '외 일도'는 독도가 아니라고 주장하고 있어.

하지만 이 '외 일도'가 송도, 즉 독도라는 사실은 태정관 지령이 기록된 문서에 함께 첨부된 지도인 〈기죽도약도〉를 보면 명확하게 확인돼. 이 지도에 그려진 송도는 동도와 서도, 두 개로 이루어진 작은 섬으로 독도임이 분명하거든. 이 지도는 시마네현이 오야 가문의 도면을 토

대로 만든 것으로 내무성이 태정관에 제출한 거야. 따라서 독도가 어느 나라의 땅인지에 대한 생각은 시마네현, 내무성, 태정관 모두 같았다고 봐야지.

**일본 정부의 공식 문서에도
1905년 일본이 강제로 독도를 자기네
땅으로 편입하기 전까지
일본 영토로 생각하지 않았다는
사실이 잘 드러나 있어.**

일본 외무성 관리가 조선의 사정을 조사한 후 제출한 보고서 〈조선국교제시말내탐서〉(1870)에는 울릉도와 독도가 조선에 속하게 된 경위를 보고하는 내용이 들어 있어. 이는 독도를 일본 영토가 아닌 조선 영토로 인정했다는 것을 보여 주는 거야.

이처럼 명백한 사실을 알고도 일본은 여전히 '독도는 일본 땅'이라는 말도 안 되는 주장을 거듭하고 있어. 참으로 통탄할 노릇이지.

 일본은 조선을 지배하려는 야욕을 거두지 않고, 마침내 러일전쟁 중에 슬며시 독도를 일본 땅에 집어넣고 말았어.

7

전쟁 중에 빼앗긴 섬

엄연히 주인이 있는 땅을 아무도 모르게 문서를 만들어 자기 땅이라고 우긴다면 그 문서가 효력이 있을까?

누구 얘기냐고? 바로 일본이야. 일본이 그렇게 해서 독도를 자기네 땅이라고 주장하고 있잖아.

일본이 내세우는 근거 중 하나는 시마네현 고시 제40호야. 그 내용이 무엇인지 살펴보자.

> 북위 37도 9분 30초, 동경 131도 55분, 오키섬에서 북서쪽으로 85해리 떨어져 있는 섬을 '죽도(다케시마)'라고 부르고, 이제부터 시마네현 오키섬의 소관으로 정한다.
> -1905년 2월 22일 시마네현 고시 제40호

1905년 2월 22일, 일본의 지방 자치 단체 시마네현이 죽도(독도)가 시마네현 오키섬에 속한다고 한 거야. 말하자면 독도는 일본 땅이라는 거지.

그런데 생각해 봐.

일본 정부는 1905년 1월 러일전쟁 중에 독도가 주인 없는 땅이라며 '주인 없는 땅은 먼저 차지하는 사람이 임자'

라는 **국제법상 무주지 선점** 논리를 내세워 시마네현에 속하는 것으로 했어. 그럼 이전부터 독도는 일본의 고유 영토라고 하는 주장은 또 뭐란 말이야? 앞뒤가 안 맞는 말이잖아.

이런 사실을 깨달은 일본은 1950년대 이후에는, 1905년에 독도가 무주지여서 선점했다는 것을 '영유 의사 재확인'이었다고 말을 바꾸었어. '자기네 것임을 다시 한번 확인'했다는 말이지.

하지만 '영유 의사 재확인'이었다는 주장 또한 1877년 태정관 지령 등 '독도가 일본과는 관계없다'고 해 온 일본 정부의 입장과 맞부딪히는 엉뚱한 주장에 불과해.

그런데 독도는 어쩌다 이런 소용돌이에 휘말리게 되었을까?

그것을 알려면 당시 상황을 알아야 해.

일본 제국은 한반도를 지배하고 만주로 진출하려는 데 사사건건 걸림돌이 된 러시아 제국의 힘을 꺾기 위해 전쟁을 일으켰어. 1904년 2월 8일, 일본 함대가 중국의 뤼

순항과 우리나라 제물포항에 있던 러시아 함대를 기습 공격한 거야. 이것으로 러일전쟁이 시작되었어.

　전쟁 초기에 영국과 프랑스, 미국 등 강대국들은 대체로 러시아의 승리를 예상했어. 하지만 결과는 예상 밖으로 일본이 우세한 것으로 나타났지. 전쟁은 만주와 한반도, 황해와 동해로 번져 갔어.

　전쟁을 일으킨 지 며칠 뒤인 2월 23일, 일본은 군사를 앞세운 험악한 분위기 속에 대한제국과 한일의정서라는 조약을 체결했어. 전쟁에서 중립을 지키려는 대한제국을 일본의 영향력 아래 두고 한반도를 전쟁의 근거지로 삼으려는 속셈이었지. 한일의정서에는 군사상 필요한 지역을 마음대로 사용할 수 있다는 내용이 포함되어 있었어.

　정말이지 어이없는 일이었어. 힘센 두 사람이 아무 상관없는 우리 집에서 싸움을 하겠다고 나선 꼴이지 뭐야. 우리 집이 박살날 것은 불을 보듯 뻔했지. 이 조약은 일본이 본격적으로 대한제국을 식민지로 지배해 나가는 출발점이 되었어.

얼마 뒤 동해와 대한해협에서 러시아 함대가 군사를 수송하는 일본 함대를 격침하는 일이 발생했어. 당황한 일본 해군은 동해로 내려오는 러시아 군함을 좀 더 빨리 발견하고 감시해야겠다고 생각했지.

그래서 한일의정서를 근거로 제주도와 거문도, 울산 등에 망루(적의 움직임을 살피기 위해 지은 군사 시설)를 건설해 군사 기지로 만들었어. 전쟁이 진행되면서 1904년 8월에는 울릉도 동남부와 서북부에 감시 망루 2개를 건설했지. 그리고 울릉도와 울진의 죽변을 연결하는 해저 전선의 설치를 끝냈어. 서로 정보를 주고받을 수 있는 체계를 갖춘 거지.

일본이 울릉도에 망루를 건설하는 동안 전력을 회복한 러시아의 태평양 함대는 **대한해협**을 봉쇄하는가 하면, 유럽에 있던 발트 함대는 동해로 진격해 오고 있었어.

이런 상황을 눈치 챈 일본은 이에 대응하려면 울릉도 망루만으로는 부족하다고 판단했어. 그래서 독도에도 망루를 추가로 건설하기로 하고, 군함을 파견해 현장을 조

사하도록 했어.

 이처럼 일본 정부는 1904년 러일전쟁 초기부터 울릉도는 물론 독도의 군사적 가치를 잘 알고 활용했어.

 그런데 그 무렵 독도를 아예 일본 땅으로 만들려는 수작이 진행되고 있었어. 그 출발은 '나카이 요자부로'라는 시마네현 어업가로부터 시작되었지.

 나카이는 이미 1903년부터 가제(바다사자)잡이에 나선 사람이야. 원래 독도에는 가제가 많이 살았는데, 나카이는 가제가 큰돈이 된다는 사실을 알고 마구잡이로 잡아들였지.

 나카이는 한발 더 나아가 독도의 어업권을 독차지하려 했어. 독도가 대한제국의 영토임을 알고 있었던 나카이는 일본 정부를 통해 대한제국 정부에 단순히 독도를 임대해 달라는 청원서를 낼 계획이었어.

 그러던 중에 나카이는 일본의 관리에게 이상한 말을 들었어.

 "그 섬은 대한제국의 영토인지 아닌지 확실하지 않소. 주인 없는 섬인지도 모르니 당신이 그 섬을 일본 영토로 편입시켜 달라고 당국에 청해 보는 게 어떻겠소? 잘만 된다면 당신도 좋고 일본 제국도 좋은 일 아니겠소?"

그 말을 듣고 나카이 요자부로는 내무성에 독도 **영토 편입 및 임대 청원서**를 냈어. 독도를 일본 영토로 삼은 뒤 자기에게 임대해 달라는 것이었지. 이때가 1904년 9월 29일이었는데 울릉도에는 이미 해저 전선이 개통되어 있었고, 독도까지 연장하는 계획이 추진되던 시기였어.

그런데 내무성의 반응이 뜻밖이었어.

"대한제국 땅으로 여겨지는 풀 한 포기 나지 않는 암초(독도)를 얻고자 했다가 우리 일본 제국이 대한제국을 집어삼키려 한다는 야심이 있다고 서양 강대국들의 의심을 받게 되면 얻는 것보다 잃는 것이 많소이다."

이런 까닭에 내무성은 나카이의 청원을 받아들이지 않았어.

그러자 나카이는 이번에는 외무성 관리인 야마자 엔지로를 찾아갔어. 그의 반응은 내무성과 완전히 달랐어. 야마자는 '대한제국의 땅으로 여겨진다'는 내무성의 의견을

무시하고 러일전쟁에서 승리를 거두기 위해 독도 편입을 서둘렀지.

"망루를 건설하고 무선 또는 해저 전선을 설치한다면 적의 함대를 감시하는 데 매우 적합하므로 이런 시국이야말로 독도를 제국의 영토로 편입하는 일을 서둘러야 하오."

'이런 시국'이란 러시아의 발트 함대와 일대 격전을 앞두고 있는 상황을 말해. 따라서 일본으로서는 울릉도 조치에 이어 하루빨리 독도에 대한 조치를 취해야 했지.

이처럼 야마자는 독도를 일본 영토로 편입하는 데 결정적인 역할을 했어.

1905년 1월 28일 일본 정부는 독도의 편입을 몰래 결정하고, 2월 22일 시마네현 고시 제40호를 내려 자기 현 소속인 것처럼 했어. 이는 러일전쟁이 길어지고 있는 상황에서, 편입의 형태를 빌려 빼앗아 간 것이야.

1905년 5월 27일 대한해협에서 발트 함대와 격전을 벌이고 난 일본은 8월 19일 독도에도 **망루**를 건설했어. 이렇듯 일본은 러일전쟁 중에도 한반도에 대한 침략을 멈

추지 않았어.

1905년 일본의 독도 편입은 국제법상 무효임이 분명해. 일본은 '주인 없는 땅은 먼저 차지하는 사람이 임자'라는 논리를 내세워 독도를 편입했다고 주장했어.

그렇지만 우리나라는 오랜 기간에 걸쳐 독도를 우리 땅으로 소유하고 있었어. 특히 고종 황제는 1900년 10월 25일, 대한제국 칙령 제41호를 통해 이를 재확인했지.

대한제국 칙령 제41호가 뭐냐고?

울릉도를 '울도'로 이름을 바꾸고 '도감'을 '군수'로 개정한 일이야. 이 칙령은 울도의 구역을 울릉도와 죽도, 석도로 한다고 정했어. 죽도는 울릉도 바로 옆 '대섬'이고, 석도는 '돌섬'을 뜻해.

'돌섬'을 한자어로 석도로 표기한 거지. 당시 울릉도 주민은 '돌섬'을 '독섬'이라 불렀어. 이것이 나중에 그 음을 따서 '독도'로 불리게 돼.

그러니까 대한제국 칙령 제41호는

독도가 울도군에 속하는 섬이라는 것을 분명히 한 거야.

상황이 이런데도 일본은 독도를 자기네 영토로 편입하면서 대한제국에 대해서는 아무런 문의나 통보도 없이 일방적으로 결정했어. 대한제국에 알려서는 일을 성사시킬 수 없다는 것을 그들도 알았기 때문이겠지.

울도(울릉도) 군수는 1906년 3월이 되어서야 울릉도를 방문한 시마네현 관리들에게 독도가 일본 영토로 편입되었다는 말을 들었어. 울도 군수는 다음 날 그 사실을 곧바로 강원도 관찰사와 중앙 정부에 보고했지.

보고를 받은 참정대신은 '독도가 일본 영토라는 것은 전혀 근거 없는 일'이라며 사실 관계를 다시 조사하도록 지시했어. 그렇지만 1905년 9월 을사늑약으로 외교권을 빼앗긴 대한제국으로서는 아무런 외교적 조치도 취할 수 없었지. 그렇게 힘 앞에 무너진 채 독도는 일본에게 빼앗긴 첫 희생물이 되었던 거야.

8

광복과 함께 되찾은 독도

한반도 침략을 단계적으로 추진하던 일본은 1910년 8월 22일 한일병합조약을 맺고 대한제국을 집어 삼켰어.

우리의 국권을 빼앗아 간 일본은 조선 총독부를 설치한 뒤 행정권, 입법권, 사법권은 물론 군대까지 손아귀에 넣고 우리 민족을 탄압했어. 우리 민족은 35년의 수난기를 보냈고 역사에 깊은 상처를 남겼어. 하지만 우리 민족은 이에 맞서 독립운동을 벌이며 나라를 되찾기 위해 노력했지.

그리고 마침내 1945년 8월 15일, 연합국이 제2차 세계대전에서 승리하면서 우리는 광복을 맞이했어.

미국, 영국, 중화민국의 정상들은 전쟁이 막바지에 접어들던 1943년 11월 22~26일까지 이집트 수도 카이로에서 회담을 가졌어. 미국 대통령 프랭클린 루스벨트, 영국 수상 윈스턴 처칠, 중화민국 주석 장제스는 이 회담에서 전쟁 후 일본의 영토를 어떻게 할지, 또 한국의 독립을 어떻게 할지 이야기를 나누었어.

연합국의 3국 정상이 합의한 카이로 선언은 다음과 같이 규정했어.

- 일본은 폭력과 탐욕으로 빼앗은 모든 지역에서 물러나야 한다.
- 한국인이 노예 상태임에 유의하여 한국을 자유롭고 독립된 국가로 할 결의를 다진다.

전쟁이 끝나기 한 달 전에는 독일 포츠담에서 미국, 영국, 중화민국의 정상들이 다시 만나 회담을 가졌어. 미국 대통령 해리 트루먼, 영국 총리 클레멘트 애틀리, 중국 주석 장제스는 나치 독일이 항복한 뒤에도 전쟁 의지를 꺾지 않는 일본 제국의 무조건 항복을 촉구하면서 1945년 7월 26일 선언문을 발표했어.

포츠담 선언 제8조는 다음과 같이 규정하고 있어.

> 카이로 선언의 조항들은 이행되어야 하며, 또한 일본의 주권은 혼슈와 홋카이도, 규슈, 시코쿠 그리고 연합국이 결정하는 작은 섬들에 국한될 것이다.

마침내 1945년 8월 15일 일본은 무조건 항복을 선언하고, 9월 2일 항복 문서에 서명했어.

연합국은 도쿄에 연합국 총사령부를 설치해 일본 통치를 담당하게 되자, 포츠담 선언의 규정을 집행하기 시작했어.

연합국은 일본 영토로 규정한 포츠담 선언에서 말한 '연합국이 결정하는 작은 섬들'을 조사한 뒤, 1946년 1월 29일 **연합국 최고사령관 각서 제677호**를 발표했어.

그중 3조의 내용을 살펴볼까?

> 이 지령의 목적을 위해 일본은 4개의 본도(혼슈, 홋카이도, 규슈, 시코쿠)와 인접한 1,000여 개의 작은 섬들을 포함하는 것으로 정의한다. (인접한 1,000여 개의 작은 섬들 중) 제외되는 것은 울릉도와 독도, 제주도…… 등이다.

연합국 최고사령관 각서 제677호 3조는 일본의 통치 범위를 '4개의 큰 섬과 약 1,000개의 작은 인접 섬들'로 규정했어. 그리고 일본에서 제외하는 섬으로 울릉도, 독도, 제주도 등을 열거했지.

이것은 연합국 총사령부가 수개월간 조사한 뒤 결정해

공표한 거야. 연합국 총사령부는 당시 국제법상 합법적 기관이기 때문에 연합국 총사령부가 독도를 원주인인 한국에 반환해 한국 영토로 결정한 것은 엄연히 국제법상 효력을 가지게 돼. 이 내용은 1946년 2월 작성한 연합국 최고 사령관의 행정 관할 지도에도 또렷하게 표시되어 있어.

이처럼 연합국 총사령부가 독도를 일본의 영역에서 분리해 취급한 것은 일본이 폭력과 탐욕에 의해 빼앗은 영토를 포기해야 한다는 카이로 선언과 포츠담 선언에 따른 연합국의 결정이야.

즉 독도는 일본이 한반도를 식민지화하는 과정에서 러일전쟁 중에 폭력과 탐욕으로 강탈했으므로, 포츠담 선언을 수락한 이상 무조건 항복과 동시에 한반도와 독도에서 물러나야 한다는 것이었지.

상황이 이러한데도 일본은 어떻게든 작은 꼬투리라도 잡아 독도가 한국 영토임을 인정하지 않으려 했어. 샌프란시스코 강화조약의 내용을 두고도 일본은 여전히 자기네가 유리한 쪽으로 해석하며 독도가 자기네 땅이라고 우기고 있지.

샌프란시스코 강화조약이 뭐냐고?

제2차 세계대전에서 승리한 연합국 48개국과 패전국 일본이 1951년 9월 8일 미국 샌프란시스코에 모여 전쟁을 끝내기 위해 맺은 조약을 말해. 이때 우리나라는 연합국으로 인정받지 못해 참여하지 못했어.

샌프란시스코 강화조약은 기본적으로 연합국의 조치를 이어받았어. 연합국의 조치란 연합국 최고사령관 각서 제677호 등을 말해.

그런데 일본이 미국 정치권에 영향력을 행사하면서 여러 차례에 걸쳐 조약문을 수정한 결과 최종적으로 이렇게 결정되었어.

> 일본은 한국의 독립을 승인하고, 제주도, 거문도, 울릉도를 포함한 한국에 대한 모든 권리와 권원 그리고 청구권을 포기한다.

연합국 최고사령관 각서 제677호에는 들어 있던 '독도'가 빠진 거야.

이에 대해 일본 정부는 샌프란시스코 강화조약만이 유

일하게 효력이 있는 조약이라는 논리를 폈어. 샌프란시스코 강화조약에는 독도가 누구 땅인지 언급이 없으니, 이를 근거로 일본 땅이라는 거지.

조약에 직접 드러난 섬은 겨우 3개(제주도, 거문도, 울릉도)인데, 일본 말대로라면 이 3개 섬을 제외한 한반도의 모든 섬이 일본 땅이라도 된다는 말일까? 수천 개가 되는 한반도의 섬을 모두 조약에 일일이 적을 수는 없잖아. 샌프란시스코 강화조약에 빠졌다고 해서 일본 땅이라고 하는 건 어불성설에 불과해.

오히려 조약의 8조에는 이런 내용이 들어 있어.

일본은 평화 회복을 위한(혹은 이에 관한) 연합국의 모든 조치들을…… 전적으로 인정한다.

이것은 연합국 최고사령관 각서 제677호의 효력을 인정해야 한다는 거야.

다시 말하면 연합국 최고사령관 각서 제677호로 일본의 행정 구역에서 독도는 제외되었고, 샌프란시스코 강

화조약에 독도를 일본 영토로 규정하는 어떠한 조치도 없기 때문에, '연합국 또는 미국의 의도에 의해 전후 독도는 일본의 영토로 남았다'라는 일본의 주장은 얼토당토않다는 거지.

1951년 9월 체결된 샌프란시스코 강화조약에는 독도가 직접적으로 쓰여져 있지는 않지만 일본에서 분리되는 한국 영토에 당연히 포함되어 있다고 봐야 해. 독도보다 더 큰 무수한 한국의 섬들도 하나하나 적지는 않았잖아.

따라서 1945년 8월 15일 광복과 함께 독도는 제주도, 울릉도와 더불어 한반도의 영토로 회복되었고, 1951년 9월 8일 맺은 샌프란시스코 강화조약은 이를 확인한 것에 불과하다고 할 수 있지.

독도의용 수비대

독도의 동도 해안에는 **독도조난어민위령비**가 서 있어. 이 비석은 1948년 6월 8일 미군이 독도에서 폭격 연습을 하는 바람에 희생된 어민들을 기억하기 위해 1950년에 세운 거야.

어째서 이런 안타까운 사고가 일어났을까?

주일 연합국 최고사령관은 1945년 9월 우리나라와 일본 사이의 바다에 '**맥아더 라인**'이라는 선을 그어 놓았어. 연합국이 일본 선박의 고기잡이 활동을 막기 위해 설정한 거지. 따라서 일본 어민들은 독도로 고기잡이를 나가는 것이 금지되었어. 독도는 당연히 우리나라가 관할하고 있었기 때문에 우리 어민들의 고기잡이는 가능했지.

그런데 1947년 9월 16일 연합국 최고사령관이 현지 사정도 모르고 독도를 미국 공군의 폭격 연습지로 지정한 거야.

1948년 6월 8일, 강원도 해안과 울릉도 등에서 온 우리 어민들은 독도에서 평화롭게 미역을 따고 있었어.

낮 12시경 일본 오키나와에 기지를 둔 미국 공군기들

이 폭격 훈련을 한다며 갑작스럽게 폭탄 수십 개를 떨어뜨렸어. 이 폭격으로 우리 어민 14명이 죽고, 여러 사람이 다쳤으며, 어선도 여러 척이 부서졌지.

당시 국내 언론에서는 이 사건을 자세하게 보도했어. 미국 신문들도 관심을 갖고 보도했지.

특히 〈뉴욕타임스〉는 독도가 한국 어민들이 '대대로 생계를 이어오던 지역'이라며 신속한 처리를 강조했어. 또한 미국에서도 독도 주변 수역을 '한국 어민들이 이용하는 가장 좋은 고기잡이 활동 지역'이라며 폭격 연습 중단을 요청했고 미군은 폭격 연습을 중단했지.

주한 미군은 이 사건을 조사하기 위해 독도로 조사단을 보냈고, 인명과 선박 피해에 대한 배상도 이루어졌어. 어민들이 희생된 안타까운 사고였지만, 이 사건은 독도가 광복 직후에도 우리나라의 관할 아래 있었으며, 동시에 우리 어민들의 삶의 터전이었다는 것을 실제로 보여 주었어.

1950년 6월 8일 독도에서는 경상북도 지사가 참석한 가운데 독도조난어민위령비 제막식과 위령제가 열렸어.

현재의 비석은 그때의 비석을 복원해 2005년에 다시 세운 거야. 1950년에 세운 위령비는 태풍 때문인지, 아니면 누구의 소행 때문인지 알 수 없으나 사라졌어. 그 비석은 2015년 독도 바다에서 발견되어 현재 울릉도의 안용복 기념관에 보관되어 있어.

위령비를 세운 지 2년이 지난 1952년 9월 15일 독도에 또다시 미 공군의 폭격 연습이 있었어.

다행히 인명 피해는 없었지만 당시 독도에서 고기잡이를 하던 우리 어선들은 쫓기듯 울릉도로 돌아왔어. 그런데 9월 22일과 24일 학술 조사단이 독도에 배를 대려 할 때마다 폭격기가 나타나 독도에 폭탄을 떨어뜨리는 일이 벌어졌어.

우리 정부는 미군 측에 독도 폭격 연습과 관련한 일을 조사했어. 그 결과 독도가 1952년 7월 미 공군의 폭격 연습지로 다시 지정된 사실을 알게 되었지. 더욱 놀라운 점은 이 일에 일본이 깊이 관여하고 있었다는 거야.

이게 어찌 된 일일까?

6·25 전쟁 중이던 1952년 1월 18일, 우리 정부는 '인접 해양에 대한 주권에 관한 대통령의 선언'(평화선 선언)을 공포했어.

1952년 4월, 샌프란시스코 강화조약의 효력이 시작되면 연합군의 점령이 끝나 맥아더 라인도 폐지될 운명에 놓여 있던 때였어. 맥아더 라인이 폐지되면 일본 어선들이 또다시 우리나라 연안으로 몰려올 게 뻔했어. 그래서 우리 정부는 이에 대비해 평화선을 선언한 거야.

평화선 선언은 한반도와 그에 딸린 섬들의 인접 바다에 있는 수산 자원 및 광물 자원에 대해 대한민국의 주권을 선언하고, 그 해양의 경계선도 표시했어. 또한 독도를 평화선 안에 둠으로써 독도가 대한민국의 주권이 미치는 섬이라는 것을 명확히 했지.

'평화선 선언'이 공포되자 일본이 강하게 반발하고 나섰어. 평화선이 국제법상 **공해**(어느 나라의 주권에도 속하지 않으며, 모든 나라가 공통으로 사용할 수 있는 바다)의 자유를 가로막고 자국의 독도 영유권을 침해했다는 이유였어. 독도는 우리나라가 계속 영유해 오던 터라, 일본의

독도 영유권 주장은 터무니없는 일이었지.

일본은 갖가지 방법으로 평화선을 쓸모없는 것으로 만들려고 했어.

그러한 방법 중 하나로 독도를 미군의 폭격 연습지로 지정하도록 유도했던 거야.

독도는 우리 어민들의 중요한 고기잡이 활동 구역이었어. 하지만 일본 정부는 독도에 대한 영유권을 주장하기 위해 독도에서 고기잡이 중이던 우리 어민들이 큰 피해를 당할 가능성이 있었는데도 독도를 미군의 폭격 훈련 구역으로 지정하도록 유도했어.

이러한 사실은 일본 국회 회의록을 통해서도 확인할 수 있어.

1952년 5월 23일 중의원 외무 위원회에서 시마네현 출신 의원의 질문에 외무 차관이 응답한 내용을 보자고.

시마네현 의원 : 이번에 주둔군의 일본 내 훈련 구역 지정에 있어

서 독도 주변이 훈련 구역으로 지정되면 그 (독도) 영토권을 일본의 것으로 확인받는 데 유리하다는 생각에서 오히려 외무성이 훈련 구역으로 지정되기를 바라는지 어떤지에 대해 말씀해 주시기 바랍니다.

외무 차관 : 대체로 그런 발상에서 다방면에 걸쳐 추진하고 있습니다.

일본은 독도가 자기네 땅이라는 주장이 더 설득력을 얻도록 하기 위해 독도 주변을 주일 미군 훈련 구역으로 지정하도록 했다는 내용이야. 정말 얄팍한 속내가 훤히 들여다보이는 짓이야.

이에 따라 주일 미군은 1952년 7월 미국과 일본이 맺은 행정 협정을 근거로 독도를 폭격 훈련 구역으로 지정한 거였어.

1952년 9월 또다시 미 공군이 독도에서 폭격 훈련을 실시하자 우리 정부가 항의했고, 미 공군은 이를 받아들여 독도를 폭격 훈련 구역에서 제외했어. 미군 측에서 독도를 폭격 연습지로 사용하지 않겠다고 우리 정부에 공식적으로 통보했지.

　일본의 계획은 결국 실패로 돌아갔어.

　독도가 미군의 폭격 훈련 구역에서 빠지자, 일부 일본인들이 가만히 있지 않았어. 독도에 불법으로 상륙해 '독도는 일본 땅'이라는 팻말을 세우는 일들이 일어났지. 그 과정에서 독도에 고기잡이를 나갔던 울릉도 어민들이 일본인들에게 쫓겨나는 일도 발생했어.

　이런 일이 반복되자, 울릉도 주민들은 **독도의용수비대**를 만들어 일본의 불법 침입을 막고 주민들의 생존권을 보호하고자 했어. 당연한 일이잖아.

　독도의용수비대는 1954년 8월과 11월 독도에 접근한 일본 순시선을 물리치는 등 끊임없는 일본의 독도 침입을 막는 데 큰 역할을 했어.

　정부도 1952년 평화선 선언 이후 일본의 침탈 행동에 맞서 독도 수호 대책을 세웠어.

　1953년 7월 울릉 경찰서에서는 독도를 순찰하기 위해 **순라반**을 파견했으며, 1954년 7월에 대한민국 정부는 독

도에 경비 초소를 세워 운영하기로 결정했어. 정부는 독도에 경찰을 파견해 주둔하도록 하고, 독도의용수비대원들을 경찰로 특별히 뽑아 **독도 경비대**의 경비를 보강했지. 우리 어민들의 희생 속에 독도가 우리 땅임을 더욱 공고히 한 거야.

현재 독도 경비대는 1개 소대 규모로 일본 순시선 등 외부 세력의 침범에 대비해 24시간 해안 경계를 하고 있어. 또한 독도 경비대는 독도의 영해를 경비하는 **해양 경찰**의 경비 함정뿐 아니라 해군 및 공군과도 연결이 가능한 통신 시설 등 첨단 과학 장비를 갖추고 독도를 든든히 수호하고 있어.

우리 땅은 우리가 지키는 게 당연하잖아?

10

동해의 평화로운 우리 섬, 독도

일본은 지리적으로, 역사적으로, 문화적으로 우리와 가까운 이웃이야. 총칼을 앞세워 우리나라를 식민지로 만들어 우리 민족에게 깊은 상처를 남겼지만, 그때의 일을 진정으로 반성하고 사죄한다면 서로 협력하면서 미래를 향해 함께 나아가야 할 이웃이지.

이런 까닭에 우리나라와 일본은 6·25 전쟁 이후 외교 관계를 맺기 위해 여러 차례 회담을 열었어. 하지만 회담은 순조롭게 흘러가지 않았어. 일본이 기회를 엿보며 독도 영유권 주장을 들고 나왔거든.

일본 정부는 1954년 9월과 1962년 3월에 독도가 자기네 땅이라 주장하며 이런 제안을 했어.

"일본은 독도 영유권 문제를 <u>국제사법재판소</u>를 통해 해결하자고 제안합니다."

그렇지만 우리 정부의 입장은 흔들리지 않았어.

"독도는 역사적, 지리적, 국제법적으로 대한민국의 영토입니다. 이것을 인정하지 않는다면 두 나라 사이의 외교 관계는 없을 것입니다."

그러면서 우리 정부는 다음과 같은 입장을 전달했어.

일본 정부의 제의는 사법 절차를 가장한 또 다른 허위의 시도에 불과하다. 한국은 독도에 대한 영유권을 갖고 있으며, 한국이 국제사법재판소에서 이 권리를 증명해야 할 하등의 이유가 없다.

이러한 입장은 지금도 변함이 없어. 독도는 너무나도 명백한 우리 땅이라 그럴 필요가 없기 때문이야. 역사적으로, 지리적으로, 국제법적으로 따져도 독도가 대한민국 고유의 영토라는 점은 변함이 없거든.
 일본은 마지못해 우리의 입장을 받아들이고 1965년 6월 22일 한일협정을 체결했어. 그 후 우리나라와 일본은 정치, 경제, 사회, 문화적으로 다시 교류하기 시작했어.

현재 대한민국은 독도에 대해 입법·행정·사법적으로 확고한 영토 주권을 행사하고 있어.

따라서 독도는 외교 교섭이나 사법적 해결의 대상이 될 수 없지.

역사가 증명하고 국제사회가 인정하는데도 일본은 여전히 우리나라가 국제법상 아무런 근거도 없이 독도를 불법으로 점거하고 있다고 주장하고 있어.

　"한국은 현재 독도를 불법으로 점거하고 있다. 따라서 한국이 독도에서 실시하고 있는 모든 조치는 법적인 정당성이 없다."

　그러면서 우리나라의 조치에 대해 항의하고 동시에 철회하라고 요구하고 있어. 과연 일본은 언제까지 이런 허황된 주장을 계속하려는 걸까?

　앞에서도 살펴보았듯이 역사는 '독도는 대한민국의 영토'라는 것을 증명하고 있어. 일본은 1905년 러일전쟁 중에 독도를 몰래 도둑질했고 1910년부터는 조선총독부가 불법적으로 우리나라를 통치했지.

　하지만 1945년 제2차 세계대전에서 연합국이 승리하면서 우리는 독도를 되찾았어. 그 후 지금까지 독도는 변함없이 우리 어민들의 삶의 터전이었지.

　현재 독도에는 우리 국민들이 살고 있고, 주변 바다에

서는 우리 어민들이 여전히 고기잡이를 하고 있어. 또한 경찰과 공무원이 머물면서 독도를 수호하고 등대와 방사능 감지기 등 여러 시설물을 설치해 운영하고 있지. 그리고 울릉도를 근거지로 하는 관광선이 울릉도와 독도 사이를 운항하고 있어. 덕분에 해마다 20만 명 넘는 국내외 관광객들이 독도를 방문해 독도의 아름다운 자연을 감상할 수 있지.

우리 정부는 독도의 자연환경과 생태계를 보존하기 위해 1982년 독도를 천연기념물 제336호 **독도 해조류 번식지**로 지정했고, 1999년에 천연기념물 제336호 **독도 천연 보호 구역**으로 명칭을 변경했어.

이렇듯 우리 정부는 법적인 정당성을 바탕으로 독도에 대해 확고한 영토 주권을 행사하고 있다고.

독도는 일본의 한국 침략 과정에서 희생당한 첫 희생물이었어. 독도에 대한 일본의 비합리적이고 끈질긴 주장을 듣고 있노라면 그들이 다시금 한국 침략을 시도하는 것이 아닌지 하는 의심이 들기도 해. 그런 일이 절대 일어나서는 안 되지만 말이야.

우리나라와 일본이 불행한 역사를 반복하지 않고 서로 사이좋게 동북아 평화와 번영의 주춧돌을 마련하기 위해서는 먼저 해결해야 할 게 있어.

바로 일본이 잘못된 주장을 중단해야 한다는 거야.

현재 일본의 움직임을 보면 가능하지 않은 일처럼 보이기도 해. 하지만 역사는 독도가 일본의 한반도 침탈의 첫 희생물이라는 것을 분명히 말해 주고 있어.

진실의 역사를 아는 사람이라면 독도가 빼앗겼다가 되찾은 우리의 땅이라는 것을 부인하지 않아. 독도는 단순히 동해의 작은 섬이 아니라 대한민국 주권 수호의 역사가 오롯이 담겨 있는 섬이거든.

독도가 자기네 땅이라는 일본의 억지 주장은 한반도 침탈의 역사를 되풀이하겠다는 말과 다르지 않아. 우리는 미래를 함께 열어 갈 일본이 역사의 진실 앞에 겸허해지기를 바래.

그 누가 뭐래도
독도는 우리 땅이야.

독도는 동해의 평화로운 우리 섬으로 영원히 남을 거야.

교양 꿀잼

그 누가 뭐래도 독도는 우리 땅

초판 1쇄 발행 2024. 9. 25.
초판 4쇄 발행 2025. 10. 15.

지은이	김현
그린이	김보경
감수	동북아역사재단
발행인	이상용 이성훈
발행처	봄마중
출판등록	제2022-000024호
주소	경기도 파주시 회동길 363-15
대표전화	031-955-6031
팩스	031-955-6036
전자우편	bom-majung@naver.com

ISBN 979-11-92595-83-2　73300

값은 뒤표지에 있습니다.
잘못된 책은 구입한 서점에서 바꾸어 드립니다.
본 도서에 대한 문의사항은 이메일을 통해 주십시오.

봄마중은 청아출판사의 청소년·아동 브랜드입니다.